Inhaltsverzeichnis

AF286808

Der seefahrende Chronist:

Henning Rinken

Seine erste Fahrt auf See war ein Fiasko: „O nein, ich war bereits vor Sylt seekrank, so dass ich nicht ans Aufstehen denken mochte und wünschte vielmehr, dass ich bei meiner Mutter wäre", stöhnte Henning Rinken auf der Reise von Sylt nach Hamburg. Da war der Sohn eines Kapitäns, der zuvor nur ein Jahr lang die Schule besucht hatte, gerade einmal 13. Er überwand die Seekrankheit – und diente sich wacker vom Schiffsjungen bis zum Kapitän hinauf. Anfangs ging der gebürtige Rantumer noch in der Nordsee auf Heringsfang, später dann führten ihn Fahrten mit Handelsschiffen zu entfernten Zielen wie Genua oder Gibraltar. 1820 gab Hinrich Reinert Hinrichs, der allgemein nur Henning Rinken genannt wurde, die Seefahrt auf und zog in das Haus des Westerländer Strandinspektors, dessen Tochter er geehelicht hatte. Fortan übte er an Land mehrere Ämter aus, wurde nach eigenem Bekunden in Folge „Schulvorsteher, Jurist, Ältermann wie auch

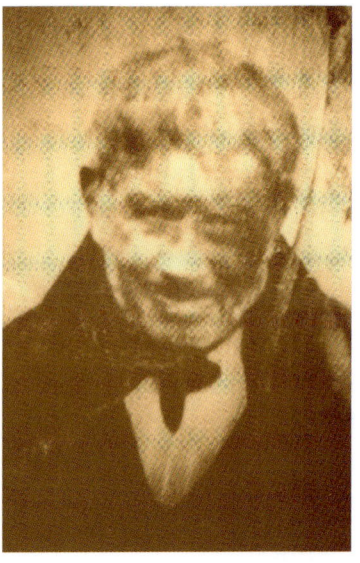

Mitglied in der Kommission für Cholerakranke und im Ausschuss für das Armenwesen". In den letzten beiden Jahrzehnten seines Lebens fand Henning Rinken eine weitere Passion: Als eifriger Chronist trug er ein gutes Stück Sylter Historie zusammen. In seinen umfangreichen Werken „Beschreibung der Insel Sylt" und „Chronik betreffend der Insel Sylt – 1843 und Fortsetzung" widmete er sich den unterschiedlichsten Themen von A wie Ackerbau bis Z wie Zollwesen.

So protokollierte er etwa, dass der erste Kaffee 1742 nach Sylt gelangte – es war das Geschenk eines Freundes aus Amsterdam an den Tinnumer Bauernvogt. Wir erfahren, dass Anno 1840 auf Sylt 251 Pferde gezählt wurden, die Schullehrer in Westerland 1854 neben ihrem Salär jährlich eine Tonne Roggen und eine Tonne Gerste erhielten, dass man in dem außergewöhnlich strengen Winter 1814 „bis zum 5. April über das Eis hinüber zum Festlande gehen konnte" oder dass die Hochzeiten bis ins 18. Jahrhundert hinein auf Sylt üblicherweise am Donnerstag vor dem ersten Advent stattfanden.

Am 4. Oktober 1861 wurde Rinken „des Nachmittags plötzlich krank mit einem Zittern aller Glieder. Abends um acht Uhr fiel ich in einen tiefen Schlaf und erwachte erst am nächsten Tag um fünf Uhr des Nachmittags. Die Meinigen hatten bereits nicht mehr geglaubt, dass ich ins Leben zurückkehren würde, doch zehn Tage später konnte ich matt und entkräftet das erste Mal aufstehen." Wenige Monate später verstarb Henning Rinken im Alter von 84 Jahren.

Die „Vogelmutter von Sylt":

Dorothea Unruh

Es sind viele Besucher im Januar 1979 zu Gast in einer Haushälfte im Westerländer Kirchenweg, sehr viele. Die ältere Dame, die hier zur Miete wohnt, bewirtet und pflegt sie alle, Tag und Nacht. 150 Vögel drängen sich in den Zimmern, selbst auf der Veranda und auch in der Badewanne. Dorothea Unruh kümmert sich aufopferungsvoll um die Patienten. Nachts schläft sie nur zwei oder drei Stunden.

Dorothea Unruh ist gerade erst in den Ruhestand getreten, doch nun hat sie mehr Arbeit als im Berufsleben. Erst vor wenigen Monaten ist die ehemalige Schwimmmeisterin von Hamburg nach Sylt gezogen. Schon in der Hansestadt hegte sie in ihrer Freizeit ein besonderes Interesse für Wildvögel, nun will sie ihren Lebensabend auf Sylt verbringen „und ein bisschen was für den Tierschutz tun". Doch daraus soll schon bald ein ehrenamtlicher Fulltime-Job, ja geradezu eine Mission erwachsen.

Mit Beginn des Jahres 1979 treiben zahllose Seevögel an Sylts Strände – ihre Gefieder und ihre Mägen sind verklebt von Öl, das Schiffe weit draußen auf dem Meer gewissenlos verklappt haben. Dorothea Unruh nimmt sich der leidenden Kreaturen spontan an und das spricht sich herum: Laufend klingeln Strandspaziergänger an ihrer Haustür und geben siechendes Strandgut ab. Einige Vögel können gerettet werden, viele sterben an der Ölpest. Es bleibt nicht die einzige.

1983 will die „Vogelmutter von Sylt", wie sie mittlerweile allgemein genannt wird, das Engagement auf ein stabileres Fundament stellen. Dank der Spenden vor allem vieler Urlauber, aber auch dem Erlös von Veranstaltungen wie etwa der Premiere des „Westerländer Weihnachtsbadens" wird eine ehemalige Wehrmachtsbaracke unweit des Tinnumer Bahnübergangs in eine 800 Quadratmeter große Seevogel-Rettungsstation verwandelt. Ein Zivildienstleistender und stundenweise ein Maurer stehen der Vogelmutter fortan zur Seite.

Dann gründet Dorothea Unruh einen Verein zur Rettung verölter Seevögel, der ihr später noch einiges Ungemach bereiten wird. Doch zunächst erfährt das selbstlose Engagement der Vogelmutter breiten Zuspruch, nicht nur von den Syltern und den Sylt-Urlaubern: 1984 wird sie aufgrund ihrer Verdienste für den Tierschutz mit der Verdienstmedaille des Verdienstordens der Bundesrepublik Deutschland ausgezeichnet. Auch die lokalen und die bundesweiten Medien loben ihre Tatkraft: „Sie ist förmlich besessen von dem Gedanken, kranken Tieren zu helfen. Bis zur Erschöpfung setzt sich die Pensionärin ein, auch wenn ihre Hände durch Arthritis verkrüppelt sind", schreibt das „Sylt Magazin". Und die „ZEIT" bekräftigt: „Der Einsatz von Frau Unruh findet bei den Syltern und Urlaubern gleichermaßen Anerkennung: Endlich mal eine, die nicht nur redet, sondern etwas tut." Selbst Bundesumweltminister Klaus Töpfer zollte ihr bei einem Besuch auf Sylt Respekt: „Ihr Engagement und ihre beispielhafte Arbeit haben mich sehr beeindruckt."

Ihre Arbeit, die wiederholt sich ein ums andere Mal, Tag für Tag: Zunächst führt sie in die Mägen ihrer gefiederten Patienten durch einen langen Schlauch Weizenkeimöl zur inneren Reinigung ein. Danach werden die Vögel – durch Rotlicht kontinuierlich gewärmt – alle zwei Stunden mit Kraftnahrung, später mit kleinen Fischen gefüttert. Zu neuen Kräften gekommen, erfolgt zu guter Letzt die Reinigung des Gefieders mittels organischem Lösungsmittel in warmem Wasser.

Über jeden Vogel führt Dorothea Unruh genau Buch. Es sind Basstölpel darunter und Lummen, Möwen und Enten. 420 Vögel wurden demnach allein 1987 behandelt; 40 Prozent von ihnen konnten ausgewildert werden, die übrigen verstarben an der Ölvergiftung. Im November 1987 gibt es zudem Zuwachs in der Seevogel-Rettungsstation: Mit „Robbi" zieht das erste verwaiste Seehundbaby ein, einige weitere so genannte Heuler werden folgen.

Doch just zu dieser Zeit braut sich Unheil über der Sylter Vogelmutter zusammen. Einige Medien rügen nun die „abenteuerlichen Verhältnisse" in der privaten Hilfsstation wie auch „den Übereifer und die Naivität" der Protagonistin. Der Deutsche Tierschutzbund vermeldet Beschwerden angesichts der beengten Verhältnisse in der Rettungsstation. Und dass Dorothea Unruh Heuler auf eigene Faust einsammle und auswildere, dazu sei sie rechtlich gar nicht befugt. Aber es kommt noch schlimmer: 1989 wird die nunmehr 72-jährige Vereinsvorsitzende entmachtet, als im Rahmen der Hauptversammlung ein neuer Vorstand gewählt wird, dem sie nicht mehr angehört. Es ist der Auftakt für Grabenkämpfe, Schuldzuweisungen und anonyme Anzeigen. Die Vogelmutter, die in der Rettungsstation ein Zimmer mit einem einfachen Bett und einem verschlissenen Sofa bewohnt, echauffiert sich gegenüber der Presse: „Ich habe in den ersten Jahren auf Sylt gehungert und meine ganze Rente in die Arbeit gesteckt. Nun haben die mir gekündigt und wollten mir meine Bude ausräumen. Und das ausgerechnet am Muttertag."

Doch auch die andere Seite meldet sich zu Wort. Dorothea Unruh habe nach der Hauptversammlung ein gefälschtes Sitzungsprotokoll präsentiert. Von unterschlagenen Spendengeldern ist die Rede und von überzogenen Geldausgaben; so sei etwa ein Computer für 20.000 Mark gekauft worden, der jedoch nur 1200 Mark wert sei. Und so trennen sich die Wege zwischen dem Verein und seiner vormaligen Vorsitzenden.

Zum Schaden beider: Der Verein löst sich nach neuerlichen internen Querelen auf, Dorothea Unruh zieht sich verbittert zurück und verstirbt in Westerland im Alter von 77 Jahren. Der „SPIEGEL" aber urteilte in einem Nachruf: „Diese lebenskluge, sympathische Frau hat mehr für die bedrohte Natur getan als etliche, die über sie ihre Nasen rümpften."

Sylts legendärster Barkeeper:

Karl Rosenzweig

Sein beruflicher Weg begann über den Dächern Westerlands – und endete 1986 gleichsam hinter einem Kampener Bartresen, vor dem sich die Prominenz wie eine Herde drängte. Als Karl Rosenzweig, besser bekannt als „Karlchen", kurz nach seinem 65. Geburtstag einer tückischen rheumatischen Erkrankung erlag, trauerten viele um ihn. Er wolle nie wieder eine Bar betreten, erklärte Hamburgs vormaliger Erster Bürgermeister Hans-Ulrich Klose, als er vom Tod des Freundes erfuhr, und der „STERN" konstatierte: „Auf Sylt ist jetzt eine Ära zu Ende gegangen."

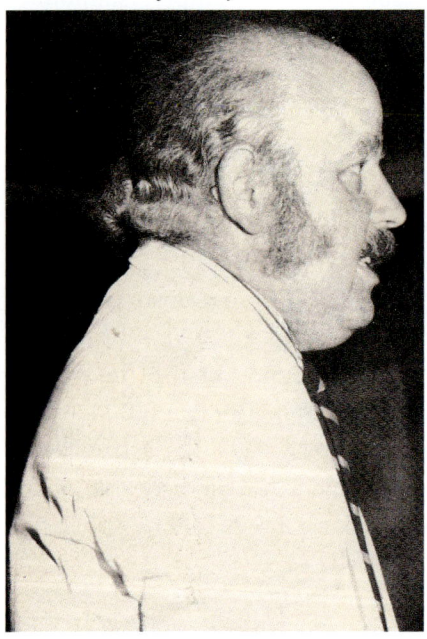

Für seine zahlreichen Stammgäste war er nicht nur der beste Barkeeper der Insel, sondern weit darüber hinaus. Karlchen selbst trank fast nie Alkohol, auch nicht außer Dienst, doch er verstand sich vortrefflich auf das Mixen von ausgeklügelten

Drinks. Und nicht nur dies, wie die „ZEIT" in einem Nachruf über ihn, der zumeist in blauem Hemd und karierter Hose hinter dem Tresen stand, verdeutlichte: „Karlchen war aber auch ein Historiker, der viel von Geschichte wusste. Er war ein Psychotherapeut, der bei seinen Gästen schnell wusste, wo der Schuh drückte. Er war ein Künstler, der zeichnete und fotografierte, und er war ein Philosoph. Er war verlässlich, taktvoll, großzügig und gescheit."

Barkeeper, dieser Beruf war Karl Rosenzweig nicht in die Wiege gelegt worden. Koch hätte er gerne werden wollen, doch er musste auf Wunsch des Vaters in dessen berufliche Fußstapfen als Schornsteinfeger treten. 1936 begann er seine Ausbildung, acht Jahre, nachdem die Familie von Tönning nach Sylt gezogen war. „Es war eine aufregende Welt mit einem ganz anderen Rhythmus: Im Sommer beherrschten die Feriengäste die Insel, der Winter war lang und einsam. Doch der unaufhaltsame Aufstieg Sylts begann", erinnerte sich „Karlchen" im Alter zurück. Indes: „Der viele Ruß bekam mir während meiner Lehre gar nicht. Als mein Vater starb, musterte ich daher in Hamburg auf einem Schiff als Steward an. Auf den Reisen fing ich an, Getränke zu mischen."

Und so fand der junge Karl Rosenzweig zu seiner Profession, die er stetig ausbauen würde. Zunächst an der Bar des renommierten Hamburger Hotels „Vier Jahreszeiten", bevor der Zweite Weltkrieg ausbrach. Rosenzweig wurde eingezogen, kehrte 1945 schwer verwundet zu seiner Mutter nach Sylt zurück. Wieder genesen, fand er auf Sylt bei den englischen Besatzern eine Anstellung als Barkeeper im Offiziersheim. Ein lohnender, aber nicht ungefährlicher Job: „Im Suff

9

schossen die Offiziere mit ihren Pistolen gern mal um sich und wir mussten uns hinter der Bar ganz schnell ducken."

1949 avancierte er zum Barkeeper in der legendären Westerländer Nachtbar „Trocadero", die nach dem Krieg nun wieder in neuem Glanz erstrahlen sollte – im wahrsten Sinne des Wortes, denn die ganze Bar war mit Blattgold ausgekleidet. Nach kurzen Stationen in Hamburg und in Berlin ging es für ein Jahr zurück an die Bar des „Trocadero" und 1952 dann nach Kampen. Hier, im Szenetreff „Gogärtchen", war es im Sommer „von drei Uhr nachmittags bis fünf Uhr morgens brechend voll, so dass ich tagsüber die schönsten Sonnenstunden im Bett verbrachte".

Kampen im Sommer – und ab 1958 ging es im Winter an die Spree: Als Barchef der „Vollen Pulle" in Berlin bewirtete „Karlchen" Prominenz wie die Schriftsteller Friedrich Dürrenmatt und Günther Grass, den Maler Marc Chagall und während der „Berlinale" Schauspieler wie Gina Lollobrigida und Kirk Douglas. 1971 eröffnete Karl Rosenzweig in der Kampener Kurhausstraße dann seine eigene Bar, als Begrüßungsgeschenk erhielt jeder Gast eine Schottenmütze. Die Bar „Karlchen" avancierte schnell zum Treffpunkt für Künstler und Intellektuelle, Wirtschaftsmagnaten und den Jetset. Der Gastgeber mixte Cocktails für die Verleger Rudolf Augstein und Axel Springer, den Sänger Udo Lindenberg, für den Showmaster Rudi Carrell und den Entertainer Harald Juhnke. Doch ob prominent oder nicht, der Hausherr behandelte alle Gäste gleich.

„So manche Nacht habe ich mit meinem Freund Werner Höfer durchgemacht, bis morgens früh die

Sonne hinter dem Watt auftauchte. Das waren nicht diese typischen deutschen Saufnächte, in denen vor lauter Alkohol keiner dem anderen mehr zuhört. Da wurde ernsthaft und leidenschaftlich diskutiert, wie es sich gehört in einer anständigen Bar", resümierte Karl Rosenzweig.

Ein Freund erinnerte sich nach dem Ableben dieses charismatischen Mannes: „Karlchen – kaum einer kannte seinen richtigen Namen – mixte die Drinks und hatte zugleich sein Ohr bei allen Gesprächen an der Bar, warf hier und dort ein Wort mit ein, äußerte sich dabei sehr klar; nie hielt er mit seiner liberalen Meinung hinterm Berg, ohne dogmatisch zu sein. Natürlich gab es auch viel Klatsch, aber Karlchen gab sich immer diskret."

Und ein Stammgast bekräftigt: „Er war für jeden da. Nur über sich sprach er selten. Er wusste vieles – aber was wussten wir wirklich von ihm?"

Der Titan der Thriller:

Hinrich Matthiesen

„Mein Traum war es, ein Buchmanuskript zu verfassen, an einen Verlag zu schicken und direkt eine Zusage zu bekommen. Was soll ich sagen: Genau so geschah es." Das war im Jahre 1969. „Minou" lautete der Titel des Erstlingswerks, das von der Liebe eines verheirateten Lehrers zu einer Schülerin erzählt. Menschen in Grenzsituationen, Handeln im Ausnahmezustand – das blieben zentrale Motive für die weitere schriftstellerische Karriere des Hinrich Matthiesen.

Schon in jungen Jahren schrieb Matthiesen Gedichte, und seine „unglaublich blühende Phantasie" sollte einen guten Nährboden für die zweite Karriere bilden. Zuerst aber ging der gebürtige Sylter den geordneten Weg, studierte und wurde Lehrer. Zunächst zehn Jahre lang im Auslandsschuldienst in Chile und in

Mexiko tätig, wechselte er dann an eine Westerländer Schule. Im Alter von 41 Jahren schließlich brach sich die Passion mit „Minou" ihre Bahn. Und schon bald sollte das Schreiben seinen Mann ernähren: Sieben Jahre und fünf Bücher später gab Matthiesen seinen Beruf als Lehrer auf und arbeitete fortan als freier Schriftsteller.

Der Titan der Thriller – Matthiesens Bücher verkauften sich mehr als drei Millionen mal – war ein disziplinierter Schreiber: Morgens fünf Stunden, nachmittags zwei Stunden saß er am Schreibtisch seines Arbeitszimmers unweit des Morsumer Deichs und meißelte die Buchstaben in das Papier seiner Schreibmaschine. Oft tauchte er vor der ersten Zeile eines neuen Buches in die Materie ein – mal an der Seite des Polizeichefs von Acapulco, mal in einer Haftanstalt, auf dem Hamburger Kiez oder in den Labors des Chemieriesen Bayer. So urteilte denn auch ein Kritiker der Frankfurter Allgemeinen Zeitung: „Matthiesen ist für seine genauen Recherchen bekannt."

Anlässlich seines 75. Geburtstags bekam Hinrich Matthiesen Post vom damaligen Bundespräsidenten Johannes Rau, der konstatierte: „Sie wecken die Lust am Lesen." Das letzte Buch indes sollte unvollendet bleiben: Der Autor verstarb im Alter von 81 Jahren. In seiner geliebten Schreibmaschine, die er gegen keinen Computer eingetauscht hätte, steckte noch ein Blatt. Es war die Seite 251 seines neuen Romans.

Deutschlands erste Zahnärztin:

Henriette Hirschfeldt

An allen deutschen Universitäten wurde sie abge-
wiesen. Erst ein Studium in den USA ebnete ihr den
beruflichen Weg. Doch selbst als ihre Zahnarztpraxis
schon längst florierte, wurde sie noch immer mit
Argwohn betrachtet. Dabei hatte sich Dr. Henriette
Hirschfeldt nur eines Vergehens schuldig gemacht:
Des Einbruchs in eine Männerdomäne.

Anno 1834 erblickte Henriette als Tochter eines Pastors
in Westerland das Licht der Welt. Später arbeitete sie
in der Praxis eines Berliner Zahnarztes und fand daran Gefallen. Allein: Ein Studium blieb ihr als Frau
verwehrt. Erst der Rat, in den USA Zahnheilkunde zu
studieren, brachte den entscheidenden Impuls. In der
Metropole Philadelphia legte die Sylterin nach einem

zweijährigem Studium das
Examen mit der Note Eins
ab und kehrte 1869 nach
Berlin zurück, wo sie in
der Behrensstraße als erste
deutsche Zahnärztin eine
eigene Praxis eröffnete.

Frauen und Kinder waren ihre Patienten und sie
avancierte gar zur Hofzahnärztin von Kronprinzessin
Viktoria. Männer aber machten um das Haus mit der
Nummer 9 einen großen Bogen.

Der älteste Mann Deutschlands:

Bernhard Prott

Als Bernhard Prott das Licht der Welt erblickte, wurde just Puccinis Oper „Madame Butterfly" uraufgeführt, die Trasse der Transsibirischen Eisenbahn fertiggestellt und mit dem Bau des Panamakanals begonnen. Niemand hätte gedacht, dass dieser Säugling einst das hochbetagte Alter von 108 Jahren erreichen würde. Als Bernhard Prott 2013 entschlief, verstarb nicht nur der älteste Bürger der Insel, sondern zugleich auch der älteste Deutsche.

Der Spross einer Sylter Kapitänsfamilie wuchs in entbehrungsreichen Zeiten auf. Der Vater verstarb, als Bernhard Prott kaum ein Jahr alt war, nur mit Mühe und Verzicht konnte die Mutter die vier Kinder großziehen: „Wir lebten von einer kümmerlichen Landwirtschaft. Das Geld war so knapp, dass ich statt Schuhen Holzpantoffeln trug. Aber überhaupt: Damals herrschte ja eine solche Armut auf Sylt." Nach der Konfirmation verdingte sich der junge Archsumer zunächst auf dem nahen Festland auf mehreren Bauernhöfen, bevor er beim Bau des Hindenburgdamms Hand anlegte. „Wir haben die Böschung aufgeschüttet, alles nur mit der Schaufel." Das war eine wahre Plackerei, „aber wir waren ja jung und kräftig".

Abends fielen die Arbeiter erschöpft in die Betten, und so karg wie die Tätigkeit war die Entlohnung: Der Stundenlohn von 50 Pfennigen reichte gerade zum Kauf eines Laib Brotes. „Es war nicht viel Geld, aber in der damaligen Zeit bei der hohen Arbeitslosigkeit besser als nichts." Als der Damm 1927 eingeweiht wurde, durften Prott und einige andere Arbeiter am Festessen im Westerländer Rathaus teilnehmen: „Den Reichspräsidenten Hindenburg ganz nah zu sehen, das war natürlich aufregend."

Als Soldat wurde Bernhard Prott im Zweiten Weltkrieg nach Russland abkommandiert und dort von Partisanen angeschossen. Wieder nach Sylt zurück gekehrt, bewirtschaftete er mit seiner Ehefrau den heimischen Bauernhof in Archsum. Man bot ihnen später auch Land in Kampen an, dort, wo sich heute die teuersten Grundstücke der Republik finden – seinerzeit für zehn Pfennig den Quadratmeter. Doch

Prott und seine Frau lehnten die Offerte dankend ab: „Nee, der Boden ist dort so karg, da werden ja nicht mal die Schafe satt."

Zu den Passionen des Archsumers zählte eine gute Sylter Tradition: 15 Jahre stand er dem Archsumer Ringreiterverein als Hauptmann vor, drei Mal wurde er König – und blickte am Ende seines Lebens auf eine 92-jährige (!) Mitgliedschaft zurück. Ein anderes Faible bis ins hohe Alter waren die Westerländer Kurkonzerte. Dass er im betagten Alter kein Auto mehr besaß, stellte kein Hindernis dar: Noch mit 95 Jahren stellte er sich kurzerhand an die Straße und trampte nach Westerland.

Während das Geh- und Sehvermögen in den letzten Jahren stark nachließen, hörte der Senior doch noch sehr gerne Radio und interessierte sich dabei vor allem für Politik. Bernhard Prott starb 2013 dort, wo er einst auf Stroh geboren wurde: In einem Anno 1757 erbauten Friesenhaus am Dorfrand von Archsum.

„Im Eifer alles aufstöbernd":

Margarete Boie

Sie kam als Fremde – und doch sollte sie die Insel bald besser kennen als mancher Einheimische. Zehn Jahre lang, von 1919 bis 1929, wohnte die Schriftstellerin Margarete Boie vis-a-vis des Westerländer Bahnhofs. Das Haus steht noch immer, doch darf getrost bezweifelt werden, ob Margarete Boie heute an diesem geschäftigen Ort noch die nötige Muße zum Schreiben finden würde.

„Die Schönheit der Sprache, die Kraft der Darstellung, die Innigkeit des ganzen Ausdrucks", benannte eine zeitgenössische Schriftstellerin die Ingredienzien von Boies Werken. Der dichten, anschaulichen Erzählweise lagen intensive Studien der Insel und ihrer Bewohner

zugrunde. Auf Sylt streifte Margarete Boie nach eigenem Bekunden ruhelos umher, „im Eifer alles aufstöbernd und sammelnd, was irgendwie mit diesen eigenartigen Menschen, ihrem Leben und ihrer Vergangenheit zu tun hat". 1880 in Berlin als Tochter eines Offiziers geboren, war die Kindheit durch den Beruf ihres Vaters von vielen Ortswechseln geprägt. Später besuchte Margarete Boie die Handelsschule, arbeitete im Naturwissenschaftlichen Museum Danzig, dann bei einer Lüneburger Zeitung. Auf Sylt verfasste sie mehrere Bücher, darunter ihr bedeutendstes Werk „Dammbau". Es erschien 1930, drei Jahre nach der Einweihung des Hindenburgdamms, und schildert einfühlsam das Wohl und Wehe, das die Nabelschnur zum Festland für die Sylter mit sich bringen sollte: Sie erhofften sich den wirtschaftlichen Aufschwung und fürchteten zugleich den Verlust der Identität.

In „Dammbau" liest sich das so: „Was die Fremden uns Gutes bringen wollen, daran gehen wir noch einmal zugrunde. Wer gut sitzt, der lasse das Rücken. Und wir saßen immer gut, auch ohne Damm", so sprach nicht nur Volquart Claasen, so dachten alle Morsumer und viele der übrigen Sylter. „Wir werden überrannt", schrie Holm Peters zornrot. Pastor Eschels meldete sich zu Wort: „Der Dammbau ist unvermeidlich und wir müssen mitarbeiten an der neuen Zeit."

Aufgrund eines Herzleidens verzog Margarete Boie nach Lüneburg, wo sie 1946 verstarb. Als sie die Insel 1929 verließ, bekundete sie: „Meiner Meinung nach hat nur der das alte Sylt wirklich kennengelernt, der auch die Wintereinsamkeit erlebt hat. Da aber nun der Damm steht, so braucht man hier auch im Winter nicht anders zu leben als etwa in einem Vorort von Hamburg. So bin ich die letzte gewesen, die das alte Sylt noch schildern konnte."

„Da muss man Syltologie studiert haben":

Pieten Andresen

„Mensch, was haben die mich beschimpft – Strand-räuber und Friedhofsgemüse waren da noch die harmlosesten Ausdrücke." In der Tat, Peter „Pieten" Andresen hatte einen schweren Stand in jenen Jahren, als Hunde auch angeleint nicht auf Westerlands Pro-menade mitgeführt werden durften: Als Promenaden-wärter musste Andresen immer wieder Hundehalter

nachdrücklich er-mahnen. Da war die spätere Tä-tigkeit als Kur-kartenkontrolleur doch deutlich entspannter – noch im Alter von 77 Jahren saß der rüstige Rentner in dem Häuschen am Strandübergang der Strandstraße.

1907 in Westerland geboren, absolvierte Pieten Andre-sen nach der Schulzeit eine Fleischerlehre und später die Meisterprüfung, arbeitete dann in seinem Heimat-ort als selbstständiger Fleischer, bevor ihn Wander-jahre durch Deutschland führten, unter anderem in mehrere Wurstfabriken. Wieder nach Sylt zurückge-kehrt, arbeitete er bei der Kurverwaltung und betrieb später auch die zünftige Gastwirtschaft „Bei Pieten" vis-á-vis des Westerländer Bahnhofs.

Als langjähriges Mitglied des Freiwilligen Rettungscorps Westerland schüttelte Andresen im Sommer auf der Promenade die Spendendose und bat dabei auch den damaligen Bundespräsidenten Walter Scheel zur Kasse. In seinen letzten Lebensjahren sah man Pieten Andresen häufig auf der eigens aufgestellten „Rentnerbank" am Fuße der Westerländer Friedrichstraße, stets mit einer weißen Schirmmütze auf dem Haupt.

Hier traf er sich mit anderen betagten Syltern zum Plausch und beantwortete unermüdlich Fragen von Urlaubern. „Mensch, was einen die Leute alles wissen – da muss man schon Syltologie studiert haben", schmunzelte er. Ein Kurgast widmete Pieten Andresen gar ein Gedicht, in dem es unter anderem heißt: „Er kann so munter frisch berichten von alten Zeiten, wie es einmal war, die Anekdoten und Geschichten sind herzerfrischend, wunderbar."

Im Alter von 80 Jahren verstarb „Pieter Andresen", die Mitglieder des Rettungscorps trugen ihren Kameraden zu Grabe. In der Predigt resümierte der Pastor über das Sylter Original: „Er konnte Brücken bauen von Mensch zu Mensch."

Der Sylter Fotopionier:

Paul Ebe Nickelsen

Ihm sind die ersten fotografischen Aufnahmen Westerlands zu verdanken, dank derer sich die Entwicklung des jungen Badeortes zum Ende des 19. Jahrhunderts heute anschaulich nachvollziehen lässt. Seine populärste Abbildung indes zeigt Königin Elisabeth von Rumänien, die 1888 auf Sylt weilte und sich in ihrer Nationaltracht fotografieren ließ. Das Bildnis beeindruckte ihre Majestät offenkundig sehr: Die Königin bot Paul Ebe Nickelsen den Titel eines Hof-Fotografen an, doch dieser lehnte bescheiden ab.

Als Sohn eines Schmieds 1832 in Westerland geboren, wurde Nickelsen ebenfalls Schmied und erlernte zudem das Handwerk des Steinmetzes. Als er diese Tätigkeiten aus gesundheitlichen Gründen aufgeben musste, fand er in der Fotografie seine Passion. Er eröffnete in Westerland ein Atelier in der heutigen Paulstraße, die nach ihm benannt ist. Erste nachweisbare Aufnahmen datieren aus dem Jahre 1864. Zunächst fixierte sich Nickelsen auf Porträtfotos, dann folgten Aufnahmen der Landschaft, des Badelebens

**Diese Aufnahme Nickelsens zeigt einen Bauern
in der noch unbebauten Westerländer Paulstraße**

und des Westerländer Ortsbildes. Paul Ebe Nickelsen
war indes nicht nur ein ambitionierter Fotograf, sondern auch anderweitig vielseitig engagiert. Er war
sehr musikalisch, spielte mehrere Instrumente und
ließ sich als erster Sylter ein eigenes Klavier bauen.
Nickelsen erteilte Musikunterricht und gründete einen Gesangsverein, aus dem später der noch heute
existente Westerländer Musikverein erwuchs.

Damit nicht genug, war der rührige Mann auch
Mitbegründer der Freiwilligen Feuerwehr Westerland,
half mehrfach bei der Rettung Schiffbrüchiger und
initiierte deshalb 1891 die Gründung des ebenfalls
heute noch bestehenden Freiwilligen Rettungscorps
Westerland. Bei einem gefährlichen Rettungsversuch
zog sich Paul Ebe Nickelsen ein schweres Asthma-
leiden zu, an dessen Folgen er 13 Jahre später im Alter
von 62 Jahren verstarb.

Kirche für einen Katholiken:

Wenzel Wohner

Es war vermutlich um das Jahr 1100, als Mönche die ersten Sylter zum Christentum und damit zum katholischen Glauben bekehrten. Doch ab der Mitte des 16. Jahrhunderts veränderte die von Martin Luther entfachte Reformationszeit auch die kirchlichen Verhältnisse auf Sylt: Die Bewohner wurden evangelisch. Diese Konfession hatte drei Jahrhunderte lang ihren Bestand. Bis Wenzel Wohner auf Sylt heimisch wurde. Wir schreiben das Jahr 1864. Dänische Truppen haben Sylt besetzt. Bis zu jenem Tag, als Österreichs Kaiser Franz-Joseph Einheiten auf das Eiland im hohen Norden entsendet. Das 9. Bataillon der Steyrischen Jäger vertreibt die Dänen, doch als die Österreicher nach drei Monaten wieder abrücken, blieb ein gebrochenes Herz zurück, denn Anna Paulina Boysen aus Tinnum hat in dem Jäger Wenzel Wohner ihre große Liebe gefunden. Nachdem er zwei Jahre später seinen Mili-

tärdienst abgeleistet hat, kehrt Wenzel Wohner nach Sylt zurück – dafür nimmt er einen 1200 Kilometer langen Fußweg auf sich.

Von den Menschen in seiner neuen Heimat unterscheidet den Neuankömmling nicht nur seine Nationalität: Er war Katholik, der einzige auf der Insel weit und breit.

Nur selten konnte der Neubürger fortan einen katholischen Gottesdienst besuchen – die nächste erreichbare Kirche stand in Flensburg. Mit viel Hartnäckigkeit gelang es Wenzel Wohner schließlich, den Flensburger Pfarrer in Hinblick auf die zahlreichen katholischen Sommerfrischler davon zu überzeugen, zumindest im Sommer Präsenz zu zeigen. So hielt auf Sylt ein „Strandpfarramt" Einzug, für das zwei Zimmer in einer Pension angemietet wurden; eines diente als Kapelle, das andere dem Geistlichen als Wohnraum. Mittlerweile war auch der Westerländer Gemeindeverwaltung nicht entgangen, dass es für die katholischen Gäste eines festen Domizils bedurfte. Hinsichtlich des Baus einer Kirche suchte man den Schulterschluss mit dem zuständigen Bischof, der jedoch aus allen Wolken fiel: „Keinen Pfennig werden wir dafür bewilligen", antwortete er und mutmaßte, dass „dieses Vorhaben doch nur dazu dienen soll, Katholiken zum Baden nach Westerland zu locken".

Allein: Eminenz hatte die Rechnung ohne seine Schäfchen gemacht. Ein Komitee katholischer Kurgäste sammelte 2.000 Goldmark für den Kirchenbau, der Westerländer Gemeinderat bewilligte daraufhin weitere 23.000 Mark. Endlich wurde gebaut, wuchs im Zentrum des aufstrebenden Badeortes eine Kapelle im neugotischen Stil empor. Als das Gotteshaus mit Sitzplätzen für 160 Gläubige am 7. Juli 1896 feierlich eingeweiht wurde, lächelte einer der Anwesenden still und zufrieden: Wenzel Wohner.

Eine Pastorin als mediale Pionierin:

Hannelore Frank

Sie trug eine flotte Kurzhaarfrisur und in der Freizeit schwarze Lackstiefel, die Kirchenbänke ließ sie spinatgrün und blutrot streichen und ihren Konfirmanden schenkte sie Kaugummi, wenn diese im Unterricht die richtigen Bibelstellen fanden. Bundesweite Aufmerksamkeit erlangte die zierliche Frau, die von 1970 bis 1973 in List als Pastorin wirkte, indes bereits als Vikarin. „Hannelore Frank gelang ein kleines Wunder", schrieb der „SPIEGEL" 1969.

Zwei Monate, nachdem eine Sozialarbeiterin vom Bayerischen Mütteramt als erste Frau das 1954 eingeführte „Wort zum Sonntag" im Fernsehen gesprochen hatte, trat Hannelore Frank als erste Theologin im Mai 1969 vor die Kamera – und dies gleich zweimal, nämlich am 17. und 31. Mai 1969. Aus ihren Ansprachen ein kleiner Auszug: „Ich weiß nicht, ob es Ihnen auch schon aufgefallen ist: Wohin man sieht und hört, trifft man auf Pessimisten. Trotzdem oder gerade deshalb bin ich Optimist – aus Überzeugung und aus Glauben.

Ich bin es aber erst mit der Zeit geworden, als ich eines düsteren Tages aufbegehrte und zu wissen wünschte, wozu ich geschaffen bin. Ich wollte leben und ich wollte glücklich sein."

400 Mark plus Spesen erhielt Hannelore Frank von der ARD für die beiden Auftritte. Aber das war natürlich Nebensache. Vielmehr schlug das Debüt für Hannelore Frank unerwartete Wellen: „Ihr Auftritt brachte die Sendung bundesweit in die Schlagzeilen", konstatierte der „SPIEGEL". Und der für das „Wort am Sonntag" verantwortliche Redakteur lobte: „Sie bewegte sich völlig ungekünstelt vor der Kamera." Noch Wochen später erhielt die Pastorin Post von Fernsehzuschauern.

Ihre berufliche Laufbahn hatte Hannelore Frank 1948 mit einem Theologiestudium begonnen, zunächst in Heidelberg, wo sie aus Kostengründen im Schlafsaal der Bahnhofsmission nächtigte. Es folgten weitere Stationen an den Universitäten von Tübingen und Kiel; dabei lernte sie ihren späteren Ehemann kennen, ebenfalls ein angehender Theologe. Als dieser die Pfarrstelle in Wenningstedt bekam, stand Hannelore Frank vor einem Problem: Im Bundesland Schleswig-Holstein galt seinerzeit die Regelung, dass die Frau eines Pastors kein kirchliches Amt ausüben dürfe. „Ich habe die Landeskirche bekniet", berichtete sie später.

Und ihr Drängen hatte tatsächlich Erfolg: Zunächst durfte sie als Vikarin in Westerland arbeiten, vertrat zudem die Pastoren der Insel für 30 Mark pro Gottesdienst. 1970 wurde der engagierten Frau dann die Pfarrstelle an der Lister St. Jürgen-Kirche übertragen. Wohnort blieb jedoch Wenningstedt, wo das Ehepaar im Wenningstedter Pastorat mit zehn Katzen lebte, die bezeichnende Namen wie zum Beispiel „Moses" oder „Aron" trugen.

Bei ihren Lister Schäfchen ist Hannelore Frank rasch anerkannt. „Es ist nicht entscheidend, ob eine Frau oder ein Mann predigt. Die Leute verlangen nur, dass ihnen einleuchtet, was da gesagt wird." Sie fängt außerdem an, Kurzgeschichten zu schreiben. Die ersten erscheinen in dem Büchlein „Wo der Schuh drückt". Weitere Publikationen zur Lebenshilfe im Alltag folgen, die Gesamtauflage erreicht die stattliche Zahl von 85.000 Exemplaren.

1973 verstirbt Hannelore Frank im Alter von erst 46 Jahren an Krebs. Auf dem Lister Dünenfriedhof findet die Pastorin, die eine Mitarbeiterin als „liebenswürdig, aufgeschlossen und großzügig" in Erinnerung behält, ihre letzte Ruhestätte. Den Trauergottesdienst halten ihr Ehemann und der Bischof von Schleswig.

Der Vater der Kampener „Kupferkanne":

Günter Rieck

Nein, leicht war der Anfang auf
Sylt für Günter Rieck nicht. Der
gelernte Bildhauer diente im
Zweiten Weltkrieg als Marine-
offizier und gelangt kurz vor
der Kapitulation nach Hörnum.
Der Weg ins heimatliche Stettin
ist weit und ungewiss, so dass
Rieck zunächst auf Sylt bleibt.
Als Quartier wird ihm ein halb

in die Erde eingelassener Flakbunker bei Kampen
zugewiesen. Für den Neuankömmling beginnen be-
schwerliche Zeiten. Die geringe Arbeitslosenunter-
stützung vom Staat stockt Rieck auf, indem er aus
dem Schlick des Kampener Watts Vasen formt und
verkauft, um das Nötigste für den Lebensunterhalt zu
verdienen.

Doch Günter Rieck gibt nicht auf und gräbt sich tapfer
durch: Er schaufelt in dem Bunker weitere Räume frei,
baut Fenster ein und schafft sich ein kleines Atelier.
Aus diesem erwächst 1950 das Künstlerlokal „Kupferkanne", wobei das Startkapital gerade für ein paar
einfache Sitzgelegenheiten und einige Flaschen Alkohol reicht. Freunde schauen auf ein Glas Wein herein,
bald auch die ersten Gäste. Und der triste Bunker
verwandelte sich in ein Labyrinth der Behaglichkeit:
Verwinkelte Gänge und schmale Stufen führten zu
verwunschenen Grotten, die nur von Kerzenlicht

erhellt sind. Alles scheint für Günter Rieck auf einem guten Weg, als der ehemalige Bunker zum Stein des Anstoßes wird. Während die eigenwillige Lokalität von vielen Syltern und Gästen begrüßt wird, bildet sich auf der anderen Seite eine Front der Ablehnung: Die unmittelbare Nachbarschaft des Nachtlokals zu einem Hünengrab aus der Bronzezeit sei nicht akzeptabel, befinden einige traditionsbewusste Friesen und ziehen vor den Kadi. Der Rechtsstreit zieht sich bis 1952 hin. Dann entscheidet das Oberverwaltungsgericht nach einem Lokaltermin: Die „Kupferkanne" darf bleiben.

Wie ein Magnet zieht die originelle Schenke am Rande des Dorfes weiterhin die Nachtschwärmer an, unter ihnen zahlreiche Prominente von Rang und Namen. Doch Günter Rieck richtet sein Augenmerk nicht allein auf das florierende Geschäft, sondern vor allem auch auf die Natur. Im Laufe von drei Jahrzehnten schafft er, der 1983 im Alter von 73 Jahren verstirbt, sein botanisches Lebenswerk:. Eigenhändig legte er eine 28.000 Quadratmeter große Parklandschaft mit 30.000 (!) Kiefern und Heidegewächsen an. Durch regelmäßiges Schneiden sorgte Rieck dafür, dass die Anpflanzungen möglichst breit und dicht und nicht zu hoch hinaus wuchsen. Das Ergebnis: Ein formvollendetes, grünes Idyll, wie man es noch heute bestaunen kann.

Finderlohn vom Feldmarschall:

Boy Thiessen

Als sein Leben nach 88 Jahren zu Ende ging, lag ein schillernder Lebensweg zwischen kräftezehrender Landarbeit und dem Schrecken des Krieges, zwischen der Hilfe am Nächsten und Tuchfühlung mit der Prominenz hinter ihm. Unverzagt nahm Boy Thiessen alles hin. „Sorge, doch sorge nicht zu viel, es kommt doch, wie Gott es will!" Dieser Wahlspruch, der in geschnitztem Holz über der Zimmertür prangte, war für ihn lebenslang ein Wegweiser.

Im Osten Morsums hatte Boy Thiessen 1921 das Licht der Welt erblickt, in einem Friesenhaus, das sein Urahn, der Walfänger Boy Thiessen, 1741 errichtet hatte. Sein Nachkomme erlernte in jungen Jahren die Landwirtschaft, ehe ihn der Zweite Weltkrieg jäh an die Front berief. Es folgte 1945 eine elendige Gefangenschaft in

Frankreich: Wassersuppe Tag für Tag – „wir kehrten fast verhungert zurück". Es kamen bessere Zeiten. Boy Thiessen übernahm den elterlichen Hof, betrieb Viehzucht und Ackerbau. Beim Pflügen mit dem Pferd grub er eines Tages einen merkwürdigen Klumpen aus – es war eine fünf Pfund schwere Kanonenkugel aus der Zeit des Dreißigjährigen Krieges.

Als ihn ein schweres Herzleiden zur Aufgabe zwang, betrat Boy Thiessen Neuland: 14 Jahre lang betreute er als Clubsekretär den Morsumer Golfplatz und viele illustre Gäste. Als er in den Ruhestand trat. nutzte er eine besondere Gabe: Das Besprechen von Gürtelrose, Warzen und anderen Erkrankungen. Selbst vom Festland suchten Patienten den Weg nach Morsum. Auf der Kommode stand eine kleine Dose. Jeder konnte geben, was er mochte.

In dem historischen Friesenhaus kündeten Seefahrertruhen und historische Fliesen von alten Sylter Zeiten. Ein Fotoalbum war der besondere Stolz des Hausherrn: Zahlreiche Fotografien dokumentieren den Dammbau von den Anfängen bis zur Vollendung. Noch genau erinnerte er sich an einen Dammarbeiter und einen Lokführer, die im Haus Quartier nahmen, an seine erste Zugfahrt von Morsum nach Westerland „für 80 Pfennige" und an die ersten Sommerfrischler in Morsum, „für die alte Viehställe aufgemöbelt wurden, um den Fremden ein Quartier zu bieten".

In Thiessens Wohnzimmer hing noch ein anderes Erinnerungsstück: Eine Messinguhr mit der eingravierten Inschrift „Herzliche Grüße, Heinz Rühmann". Boy Thiessen lernte den berühmten Schauspieler auf dem Golfplatz kennen. „Wir mochten uns. Er war ein eigenwilliger, aber sehr angenehmer Mensch." Auch zu dem Zeitungszaren Axel Springer hatte Thiessen einen guten Draht: „Ein großer Konzernchef und doch eine Seele von Mensch."

Viele Jahre zurück lag hingegen Thiessens erste Begegnung mit einem unrühmlichen prominenten Gast: Hermann Göring kam gern und oft nach Sylt. 1937 bemerkte der Feldmarschall nach einem Spaziergang am Morsumer Kliff einen herben Verlust: Ein vergoldeter Dolch, ein Geschenk der italienischen Faschisten, war verschwunden. Mit einer Zeitungsanzeige wandte sich Göring an die Bürger. Der 16-jährige Jungbauer Boy Thiessen schwang sich aufs Rad und fuhr zum Kliff. Nur eine Viertelstunde dauerte es, dann wurde er im Heidekraut fündig. Der Feldmarschall fuhr später persönlich vor, klopfte dem jungen Mann jovial auf die Schulter und steckte ihm einen üppigen Finderlohn zu: „Ich bekam hundert Mark – das war mehr als der Monatslohn eines Arbeiters."

Tod im Konzentrationslager:

Ludwig Borstelmann

Er glaubte sich im guten Recht und musste dafür teuer bezahlen: Das Leben des geachteten Keitumers Ludwig Borstelmann endete 1942 in einem Konzentrationslager. Sein vermeintliches Vergehen: Er hatte sich bei einigen Schergen des Nazi-Regimes unbeliebt gemacht. Nach der Eindeichung des Nösse-Koogs im Osten Sylts 1938 sah sich der parteilose Borstelmann bei der Neugliederung der Ländereien benachteiligt und vertrat vehement seine Interessen gegenüber einigen NSDAP-Mitgliedern, die sich nach seiner Ansicht bereichern wollten. Sehr wahrscheinlich führten diese Auseinandersetzungen dazu, dass Borstelmann 1941 von zwei Angestellten seines Hofes „wegen verleumderischer Behauptungen" denunziert wurde. Rückblick:

1888 in einem Dorf nahe von Bad Segeberg als Sohn eines Kaufmanns geboren, absolvierte Ludwig Borstelmann später ebenfalls eine Lehre zum Kaufmann. Nach dem Abschluss mit Auszeichnung wanderte er 1908 nach Argentinien aus. 1910 kehrte Borstelmann nach Deutschland zurück, siedelte jedoch nur zwei Jahre später erneut nach Argentinien über, wo er acht Jahre lang als Hauslehrer, Buchhalter und Einkäufer tätig war. „Durch ein solides Leben konnte ich so manchen Spargroschen erübrigen", bilanzierte der Emigrant, der mit exzellenten Arbeitszeugnissen bedacht wurde: „Wir stellten fest, dass dieser Herr mit unseren Schülern die besten Resultate erzielte" oder „Wir können ihn als strebsamen und fleißigen Angestellten nur empfehlen", lauteten die Aussagen seiner Arbeitgeber.

Ungewollt kehrt der Sylter wieder in die Heimat zurück: „Leider musste ich meine Tätigkeit in Argentinien aufgeben, da ich mir im Höhenklima einen schmerzenden Rheumatismus zuzog. So kam ich im September 1920 wieder nach Sylt und war hier von meinem Leiden binnen eines Monats vollständig geheilt", notierte Borstelmann. Zunächst reiste der Rückkehrer als Vertreter für Uhren und Silberbestecke durch Schleswig-Holstein, ehe er ab 1927 als Geschäftsführer der Spar- und Darlehenskasse Keitum endgültig auf Sylt sesshaft wurde und gleich nebenan mit seiner Frau Sophie eine Landwirtschaft betrieb.

1941 fand sich Ludwig Borstelmann völlig unerwartet im Flensburger Gefängnis wieder, von wo er dann in die Konzentrationslager Buchenwald und später Groß-Rosen überstellt wurde. Anfangs war er sich der bedrohlichen Lage nicht wirklich bewusst. „Kannst du mit dem Schlachten des Schweines noch warten? Auch die Steuererklärung lass erst einmal liegen. Mit Brennmaterial seid Ihr ja hoffentlich noch versorgt. Und schicke mir doch bitte ein Paar gestrickte Handschuhe. Ich hoffe nun, dass ich bald wieder zu Euch zurückkehre", schrieb der Häftling an seine Frau. Einer der letzten Briefe zeugte von der schwindenden

gesundheitlichen Verfassung: „So 60 Pfund Gewicht sind nicht schnell wieder aufzufuttern. Mein Hals ist noch sehr rau und

Das KZ Groß-Rosen: Hier verstarb Ludwig Borstelmann im Alter von 54 Jahren

wund. Die letzte Nacht hatte ich fürchterliche Zahnschmerzen, doch heute morgen konnte ich den Zahn mit der Zunge herausdrücken." Ausgezehrt musste Borstelmann weiter in einem Steinbruch arbeiten. Am 9. Oktober 1942 verstarb er im KZ Groß-Rosen. Der Befund des SS-Lagerarztes klang fast zynisch: Durchfall und Kreislaufschwäche.

Als die Urne auf dem Keitumer Friedhof beigesetzt wurde, fand der Pastor gegenüber den Angehörigen trotz des Damoklesschwertes des NS-Regimes deutliche Worte: „Die Härte Eures Schicksals ist mitempfunden worden. Die Bitterkeit über diesen Abschied ist groß." Ludwig Borstelmanns Witwe stellte nach dem Krieg vergebens einen Antrag auf Entschädigung für NS-Opfer. Die beiden Denunzianten, ein landwirtschaftlicher Arbeiter und eine Hausgehilfin, lebten unbehelligt, wenn auch zurückgezogen, weiter auf der Insel. Sophie Borstelmann verzichtete auf eine gerichtliche Auseinandersetzung. Sie wollte, dass die Betreffenden ihre Schuld bis ans Lebensende trugen.

„Was hat sich die Insel doch verändert":

Frieda Johannsen

Wie die Zeit vergeht: Fast 80 Jahre lag diese Jugendfotografie zurück

Sie verstarb im gesegneten Alter von 106 Jahren in der heutigen Wohlstandsgesellschaft, doch die Zeiten der Entbehrung waren ihr bis zuletzt gegenwärtig: Ob in jungen Jahren („Zu jedem Gottesdienst und zu jedem Konfirmationsunterricht mussten wir von Kampen bis zur Keitumer Kirche laufen") oder aber in den Kriegszeiten („Man musste sich meistens mit Kohlsuppe und Gerstengrütze begnügen").

An einem Ostersonntag hatte Frieda Johannsen das Licht der Welt erblickt. Sie war eines von 13 Kindern, das auf dem elterlichen Bauernhof in Kampen aufwuchs. Wenn die Familie eine der seltenen Reisen zum Festland antrat, dann konnte sie nicht einfach den Zug besteigen, sondern musste in Munkmarsch auf dem Dampfer einschiffen. Denn den Hindenburgdamm gab es noch gar nicht. Als dieser 1927 eingeweiht wurde und ganz Sylt auf den Beinen war, fehlte Frieda Johannsen: „Ich hatte leider schlimme

Halsschmerzen und musste das Bett hüten." Nach der Schulzeit besuchte die junge Frau die deutsche Volkshochschule im dänischen Tingleff. Dort lernte Frieda Johannsen alles, was sie später noch gut gebrauchen sollte – angefangen vom Haushalten über das Kochen bis hin zur Gartenarbeit. Kein leichtes Pensum: „Morgens ging es früh hoch und abends sind wir oft erst um zehn von der Arbeit ins Bett gekommen."

Die umfassende Ausbildung kam ihr zugute, als sie 1949 mit ihrem Ehemann Erich ein altes Friesenhaus in Keitum erwarb. Es ist der Stammsitz des heutigen Hotels „Benen-Diken-Hof", das nach wie vor von der Familie geführt wird.

Noch im hohen Alter liebte es Frieda Johannsen, Karten zu spielen und dabei auch gern mal ein bisschen zu schummeln, wie ihre Tochter schmunzelnd kommentierte, oder aber im Fernsehen Reitturniere zu verfolgen – dann durfte sie niemand stören. Die Entwicklung Sylts verfolgte sie staunend: „Was hat sich auf der Insel seit früher doch alles verändert. Leider nicht immer zum Besten."

Der Muschelfischer von Munkmarsch:

Johann Rönnebeck

Leicht gebeugt im Gang und bedächtig im Reden, ein verschmitztes Lächeln auf den Lippen und meist eine glimmende Zigarette im Mundwinkel, so schlurfte Johann Fritz Rönnebeck viele Jahre über die Mole des Munkmarscher Hafens zum Rendezvous mit seiner Rita. Unzählige Male begleitete ihn seine treue Gefährtin, die mit 150 PS Fahrt aufnahm, hinaus zu den Erntegründen etwa acht Kilometer vor der Sylter Ostküste. Mit bis zu 40 Zentnern Miesmuscheln an Bord, was nahezu dem Gewicht von zwei Pkw entspricht, kehrten der Kutter und sein Kapitän dann einige Stunden später wieder in den heimischen Hafen zurück.

1927 auf der kleinen Nordseeinsel Pellworm geboren, erlernte Johann Rönnebeck nach der Schule bei seinem Vater das Handwerk der Fischerei, warf die Netze zunächst aber vorwiegend nach Krabben aus. 1952 siedelte der junge Mann nach Sylt über, wo er sich von der Muschelfischerei mehr Ertrag versprach. Zunächst fischte er nur wilde Miesmuscheln ab, begann dann aber bald auf einer ungefähr 15 Fußballfelder

messenden Fläche im Wattenmeer mit der Nachzucht der Schalentiere und für einige Jahre auch mit der Kultivierung von schottischen Austernsetzlingen.

An der Munkmarscher Pier warf Sylts einziger Muschelfischer den Fang erst einmal zum Entsanden in eine Waschmaschine, bevor die Muscheln danach an Restaurants verkauft wurden. Aber auch viele Privatleute kamen an den Hafen, um sich die mitgebrachten Eimer füllen zu lassen – Kostenpunkt: zwei Mark das Kilo, Stand 1987. Wenige Jahre später stellte Johann Rönnebeck, der persönlich und ganz im Vertrauen eine zarte Seezunge auf dem Teller seinen Muscheln vorzog, den Fang ein und trat in den Ruhestand.

Israels „Gerechte unter der Völkern":

Donata Helmrich

Der Frau, die im Jahre 1986 an einem lauen Frühlings-
tag auf dem Keitumer Friedhof zu Grabe getragen
wird, verdankten viele Menschen ihr Leben. Im Dritten Reich hatten Donata Helmrich und ihr Ehemann
zahlreiche jüdische Frauen und Männer vor der Er-
mordung gerettet. Eine von ihnen erinnerte sich
später an ihre Retterin: „Sie war eine wunderbare Frau,
gebildet und höflich, mutig, schön und dazu unge-
heuer charmant."

Als eine entschie-
dene Gegnerin des
Nazi-Regimes ver-
schaffte Donata
Helmrich in Berlin
Jüdinnen gefälschte
Papiere und vermit-
telte sie als Haus-
mädchen, verhalf
Verfolgten zur Flucht
oder versteckte sie.
Ein mehr als wag-
halsiges Unterfan-
gen, das mit der
Einlieferung des
Ehepaars Helmrich

in ein Konzentrationslager hätte geahndet werden
können. Doch es glückte – etwa 300 Menschen, so die
Schätzungen, entgingen so dem drohenden Holocaust.

Das Ende des Dritten Reichs barg für Donata Helmrich indes eine tragische Veränderung: Ihr Mann verließ sie und siedelte in die USA über, mit einer neuen Frau an seiner Seite: Eine junge Jüdin, die zuvor zu Helmrichs Schutzbefohlenen zählte. Doch Donata Helmrich fand zu neuer Tatkraft. Sie arbeitete als Dolmetscherin beim Berliner Senat, übersetzte häufig auch für Bundeskanzler Konrad Adenauer.

Ihren Lebensabend verbrachte Donata Helmrich in Keitum. Hier wohnte sie 15 Jahre lang in einem Friesenhaus, bevor sie im Alter von 85 Jahren verstarb. Wenige Monate nach ihrem Tod wurde sie in der Gedenkstätte Yad Vashem als „Gerechte unter den Völkern" geehrt – eine hohe Würdigung Israels für Personen nichtjüdischen Glaubens die unter der NS-Herrschaft ihr Leben einsetzten, um Juden zu retten.

1987 pflanzte eine der Töchter von Donata Helmrich an der Gedenkstätte in Jerusalem symbolisch einen Baum – es war Cornelia Schmalz-Jacobsen, die spätere Generalsekretärin der FDP und Ausländerbeauftragte der Bundesregierung.

Die Heimkehr eines Kriegsgefangenen:

Hinrich-Boy Christiansen

Als das Deutsche Reich am 8. Mai 1945 kapitulierte, war der Krieg für viele Soldaten noch lange nicht vorbei. 3,2 Millionen Männer gerieten in die sowjetische Kriegsgefangenschaft, und jeder dritte von ihnen überlebte die Martyrien nicht: Hunderttausende verhungerten, erfroren, siechten an Typhus dahin oder wurden erschossen. Wer das Joch

Endlich wieder daheim: Hinrich-Boy Christiansen und seine Mutter durchschreiten ein Blumenspalier in der Westerländer Bahnhofshalle

überstand, vegetierte über Jahre mehr schlecht als recht dahin. In Arbeitslagern mussten die Inhaftierten schuften bis zum Umfallen, ihre Mahlzeiten bestanden aus dünnen Suppen und verdorbenen Lebensmitteln.

Erst im Herbst 1955, zehn Jahre nach Kriegsende, erreichte Bundeskanzler Konrad Adenauer nach zähen Verhandlungen in Moskau die Freilassung der Kriegsgefangenen – als Gegenleistung für die Aufnahme diplomatischer Beziehungen und die stillschweigende Anerkennung der Existenz zweier deutscher Staaten.

Auch auf Sylt werden einige Männer von Müttern, Ehefrauen, Kindern sehnlichst erwartet. Als erster Heimkehrer trifft am 17. Oktober 1955 Hinrich-Boy Christiansen ein. Mit 17 Jahren wurde er zur Infanterie eingezogen, 13 Tage nach der deutschen Kapitulation geriet er in russische Gefangenschaft.

Christiansen überlebte vier Jahre Arbeitslager, wurde 1949 zum Tode verurteilt und zu 25 Jahren Zwangsarbeit begnadigt. Er wurde in ein Arbeitslager im Ural, 2000 Kilometer östlich von Moskau, interniert, zwei Fluchtversuche scheiterten. Eines Nachts erfuhr er von einem Wachposten, was niemand mehr zu hoffen wagte: Die Gefangenen kommen frei.

Ihm nun bereiten die Sylter einen frenetischen Empfang. Hunderte drängen sich vor dem Westerländer Bahnhof, der Musikverein intoniert das Jubellied „So ein Tag, so wunderschön wie heute", als Christiansen zur Mittagsstunde an Gleis 1 aus dem Zug steigt. Nur mühsam kann sich der Held des Tages einen Weg durch die Menge bahnen, dann endlich schließt ihn seine Mutter in ihre Arme.

Der stellvertretende Westerländer Bürgervorsteher fasst am Mikrofon in Worte, was alle Umstehenden denken. „Wir wünschen Ihnen von ganzem Herzen, dass Sie sich von all dem Düsteren und Schweren, das nun hinter Ihnen liegt, körperlich und seelisch recht bald erholen. Mögen Sie, umfangen von der Achtung Ihrer Mitbürger, den Weg in das neue Leben mit Mut und Hoffnung beschreiten. Zugleich wollen wir auch all jener gedenken, die nicht wiederkehren. Wir verbeugen uns in Ehrfurcht vor den Heimgegangenen."

Nachdem Christiansen zahllose Hände geschüttelt hat, wird er durch ein Spalier von Blumengirlanden durch die Bahnhofshalle nach draußen geleitet und steigt in den Volkswagen seines Onkels. Die Fahrt endet wenige Minuten später in der Käpt'n-Christiansen-Straße. Hinrich-Boy Christiansen ist endlich wieder daheim.

Epilog: Bereits drei Tage später steht Christiansen wieder am Westerländer Bahnhof. Diesmal ist ein anderer der Hauptdarsteller. Kurt Storm kehrt heim und wie zuvor ist wiederum halb Sylt auf den Beinen. Nach Storms Mutter und Bruder gehört Hinrich-Boy Christiansen zu den ersten Gratulanten.

Hinrich-Boy Christiansen war nach den schweren Jahren der Gefangenschaft ein glückliches und langes Leben vergönnt: Er heiratete, studierte Volkswirtschaft, erklomm die Karriereleiter bis hinauf zum Regierungsdirektor und verstarb im betagten Alter von 90 Jahren in seiner Wahlheimat Hamburg. Wenige Jahre zuvor hatte er seine Erinnerungen an den Krieg und die Gefangenschaft in einem Buch beschrieben. Sein bezeichnender Titel: „Mit Hurra gegen die Wand".

Der Landvogt und seine Nachkommen:

Frödde Frödden

**Diese Votivtafel, die aus der Keitumer Kirche gestohlen wurde,
zeigte mehrere Mitglieder der Familie Frödden**

Im Laufe der Jahrhunderte hatten die Mitglieder der
Familie Frödden auf Sylt viele wichtige Ämter inne –
als Kirchspiel-, Deich- und Strandvögte ebenso wie als
Ratsmänner. Frödde Frödden brachte es gar bis zum
Sylter Landvogt und dies in einer für die Insel besonders schweren Phase. In seine Amtszeit zwischen 1623
und 1634 fielen der Dreißigjährige Krieg, eine Pest-
welle und eine verheerende Sturmflut.
Anno 1628 bekam die Insel ungebetenen Besuch: 1300
dänische und englische Soldaten besetzten die Insel
und mussten von der Bevölkerung, die ohnehin dürf-
tig lebte, verpflegt werden. Schlimmer noch: Ein Jahr
später griff der „Schwarze Tod" auf Sylt um sich: Mehr
als 160 Menschen kostete die Pest das Leben. 1634
wütete dann auch noch die „Burchardiflut" an der
Nordseeküste. Frödde Frödden verstarb 1635; er und
weitere Familienmitglieder wurden 1654 mit einer
Votivtafel in der Keitumer Kirche geehrt, „weil diese
sich sowohl in Kriegs- als Friedenszeiten besonders

ausgezeichnet hatten". Das Gemälde wurde 1972 aus dem Gotteshaus jedoch entwendet.

Die Familie Frödden machte in der weiteren Zeit immer wieder einmal von sich reden. Überliefert sind etwa die Schicksale von zwei Seefahrern. Denn wohl brachten die Fahrten der Sylter auf Handelsschiffen Wohlstand, jedoch auch viele Gefahren mit sich. Vor allem in der „Straße von Gibraltar" lauerten Seeräuber, die die Schiffe plünderten, die Mannschaften aber für gutes Geld in die Sklaverei verkauften. Die meisten Gefangenen sollten die Heimat nie wieder sehen.

Glück im Unglück hatte indes Andres Frödden: Als er Anno 1724 auf einem Sklavenmarkt verkauft werden sollte, klopfte ihm plötzlich jemand auf die Schulter. Ein großer bärtiger Türke blickte ihm ins Gesicht und fragte ihn zu seinem großen Erstaunen auf friesisch: „Best dü ek en Söl'ring?" („Bist Du auch ein Sylter?") Ihm gegenüber stand Jens Baathen aus Archsum, der schon früher in Gefangenschaft geraten war, die mohammedanische Religion angenommen hatte und als freier Mann galt. Mit seiner Hilfe kehrte Andres Frödden bald in die Heimat zurück.

Übler spielte das Schicksal seinem Nachfahren Peter Frödden mit: Auch dieser geriet in Gefangenschaft und verstarb, „nachdem er einige Jahre im Elend als Sklave unter Wilden verleben musste, am 13ten März 1861 in Folge des Gelben Fiebers".

Die streitbare Friesin:

Maike Ossenbrüggen

Da klingelten dem Ministerpräsidenten die Ohren. „Wir brauchen Hilfe – wir brauchen auf Sylt ein Tempolimit, denn wir leiden unter einer Welle von Großinvestoren, die der Insel ein Las-Vegas-Syndrom bescheren. Dabei geht es mehr und mehr um den Profit und nicht etwa um Zuneigung zu Sylt", empörte sich die Rednerin mit Blick auf Schleswig-Holsteins Ministerpräsidenten Peter Harry Carstensen unter kräftigem Applaus des Auditoriums, das sich anlässlich einer Feierlichkeit im Morsumer Kurhaus eingefunden hatte.

Wie an jenem Abend des Jahres 2006 scheute sich Maike Ossenbrüggen nicht, ihren Unmut stets dann zu artikulieren, wenn sie die Entwicklung ihrer geliebten Heimatinsel bedroht sah. Und dies war häufiger der Fall als ihr lieb war. Sogar das Nachrichtenmagazin „SPIEGEL" nahm Notiz von der streitbaren Friesin und schrieb 1980: „Maike Ossenbrüggen berichtet von Maklern und Renditeanlegern, von ohnmächtigen Behörden und Bauherren, die auf die Sylter Politik zu großen Einfluss haben und den Rest der Sylter Bevölkerung für dumm verkaufen."

Als ihr 1985 der Sylter C.-P.-Hansen-Kulturpreis verliehen wurde, würdigte die Laudatio: „Maike ist stets offen und dennoch immer auf der Hut, sich nicht vereinnahmen zu lassen." Und auch ganz anderweitig zeigte sie Courage: Als ihr Appartementbüro am helllichten Nachmittag überfallen wird, setzt sie einen

der beiden Täter kur-
zerhand außer Ge-
fecht, indem sie ihm
eine Schüssel auf den
Kopf schlägt, und
verfolgt den anderen
Täter noch einige Me-
ter auf seiner Flucht.
Als Maike Ossen-
brüggen zu Beginn
des Jahres 2014 ver-
starb, bekundete die
Sylter Lokalzeitung:
„Stolz, Geradlinigkeit

und Warmherzigkeit waren vielleicht ihre drei
herausragendsten Eigenschaften." Und die Söl'ring
Foriining, die Maike Ossenbrüggen zuletzt als Vorsit-
zende geleitet hatte, konstatierte in ihrem Nachruf:
„Mit ihr verliert unsere Insel eine Frau, die die Sylter
Identität bewahrt und gelebt hat."

Der Schüler von Johannes Brahms:

Gustav Jenner

Er gilt als einer der bedeutendsten Komponisten in der deutschen Geschichte. Schon zu Lebzeiten wurde er bewundert und das von ihm vertonte „Wiegenlied" war in aller Munde. Johannes Brahms schuf weit über 200 Werke – doch er hatte nur einen Schüler: Den gebürtigen Sylter Gustav Jenner.

In einem Haus am Keitumer Gurtstig wuchs der Sohn eines Landarztes auf, aber schon bald siedelte die Familie um, erst nach Nordrhein-Westfalen, später in die Nähe von Lübeck. Schon in der Schulzeit spielte Jenner leidenschaftlich Klavier, nahm danach in Kiel Unterricht bei Musiklehrern. Dort wohnte er zeitweilig mit der Nichte des bekannten Schriftstellers Theodor Storm zusammen, den er durch seine Eltern kennengelernt hatte.

Zu Beginn des Jahres 1888 schrieb Jenner kurzerhand einen Brief nach Wien an Johannes Brahms, den er sehr bewunderte. Ob er nach Wien kommen dürfe, „um mir bei Ihnen Urteil und Rat zu holen", fragte Jenner.

Brahms stimmte zu und so reiste Jenner wenige Wochen später nach Österreich. Sechs Jahre lang weilte der aufstrebende Pianist in Wien, wo Brahms von ihm zunächst kurze Strophenlieder verlangte, bevor er sich später dann auch an Sonaten heranwagen durfte. „Er sorgt in rührender Weise um mich", lobte Gustav Jenner seinen Meister.

**Das große Vorbild:
Johannes Brahms**

1894 trat Jenner im hessischen Marburg die Stelle des Universitäts-Musikdirektors an, nachdem er sich zuvor gegen 80 Bewerber durchgesetzt hatte. Ein wohlwollendes Telegramm von Johannes Brahms mag dabei auch einen Ausschlag gegeben haben. Später zum Professor und Ehrendoktor ernannt, meldete sich Jenner im Ersten Weltkrieg als Freiwilliger und wurde nach Russland abkommandiert, bald darauf jedoch aufgrund einer unheilbaren Krankheit ausgemustert. 1920 verstarb er in Marburg im Alter von erst 54 Jahren.

„I am the sunshine in my life":

Klaus Bambus

Seine Partys bei Vollmond waren legendär und auch als Sänger hatte der Lokalmatador eine Fangemeinde größeren Ausmaßes für sich eingenommen. Wenn der Kultwirt der Sylter Neuzeit, Klaus Bambus, den eingängigen Ohrwurm „Ich bin so gerne auf Sylt" etwa auf einem Sylter Dorffest trällerte, dann gerieten die Nachtschwärmer schnell ins Schunkeln.

Der Weg führte den gelernten Zahntechniker aus Essen per Zufall nach Sylt. Im Urlaub auf Ibiza hatte er eine Sylter Clique kennengelernt. Ob er nicht mal an der Nordsee kellnern wollte, fragten ihn die neuen Freunde. Warum nicht – „bis zur Rente als Zahntechniker zu arbeiten, konnte ich mir ohnehin nicht vorstellen".

Sieben Jahre lang jobbte der Neu-Sylter auf der Insel, nächtigte mangels geeignetem Wohnraum anfangs im

Wohnmobil auf einem Parkplatz am Ellenbogen. Dann bot sich die Möglichkeit zum Sprung in die Selbstständigkeit – in List in einem zwanzig Quadratmeter großen Backsteinbau an der Bushaltestelle „Weststrandhalle". „Bambus" nannte der neue Pächter die Mischung aus Imbiss, Café und Kneipe – abgekürzt für „Bar am Meer – Bushaltestelle". Und „Klaus Bambus" nannte er sich fortan auch selbst, denn sein tatsächlicher Nachname erschien ihm „etwas fade".

Fortan schenkte Klaus Bambus Kaffee und Bier aus, brutzelte Wurst und Toast Hawaii in seinem farbenfrohen Domizil, südländisch angehaucht mit Palmenblättern, Bambusgeflechten und sonnigen Farben. So blieb es über mehr als 25 Jahre, immer von Ostern bis Oktober, immer zwischen 12 und 18 Uhr, denn dann fuhr vor der Tür der letzte Bus nach Westerland ab.

Nur manchmal ging die Party nach Feierabend erst richtig los – immer dann, wenn im Sommer der Vollmond oben am nächtlichen Himmel prangte. Hunderte pilgerten dann zur „Bambus" und erwarteten um Mitternacht sehnsüchtig den Auftritt des Hausherrn, bis dieser aufs Flachdach der „Bambus" kletterte und zum Mikrofon griff. „Das war eigentlich nur mal als Gag gedacht, doch schließlich wurde es irgendwie Kult", staunte er selbst.

Dort, wo Moderatorin und Sängerin Ina Müller Jahre vor ihrem medialen Durchbruch bei Klaus Bambus kellnerte, gingen im Laufe eines Vierteljahrhunderts Pauschaltouristen wie auch Prominente ein und aus. Reinhard Mey war in der „Bambus", Jürgen Drews und Roland Kaiser. Alice Schwarzer wartete auf den Bus und wünschte nur ein Glas Leitungswasser.

Wenn auf Sylt der Herbst einzog, hielt es Klaus Bambus mit den Zugvögeln und reiste gen Süden, wo er eine Skihütte im österreichischen Hinterthal bewirtschaftete. Auch dieser Lokalität verpasste er einen originellen Namen: „Klaustaler".

Adäquat zu seinem Wahlspruch „I am the sunshine in my life" blickte Klaus Bambus am Ende seines Lebens, das 2012 im Alter von 56 Jahren aufgrund einer Krebserkrankung so früh endete, zufrieden zurück: „Alles hat sich ergeben und alles passte."

Unweit seiner Wirkungsstätte ließen zahllose Freunde und Bekannte an einem klammen Wintertag am Lister Strand Luftballons aufsteigen, während draußen das Schiff auf dem Weg zur Seebestattung vorüberfuhr.

„Den Menschen die Freude wiedergeben":

Ursula Hensel-Krüger

Fröhlich sitzt sie im Brunnen und wäscht tagein, tagaus ihre drallen Rundungen: Die dicke „Wilhelmine" begrüßt die Passanten am Anfang der Westerländer Fußgängerzone. Geschaffen wurde sie von der Sylter Künstlerin Ursula Hensel-Krüger. Binnen vier Monaten hatte sie die Figur aus Ton modelliert, die anschließend in Bronze gegossen wurde. Sodann ließ sich die üppige Dame, die stolze 175 Kilogramm auf die Waage bringt, auf der Wilhelmstraße – Nomen est omen – in einem Brunnen häuslich nieder.

Die Künstlerin beim Modellieren der „Wilhelmine"

Anlässlich der feierlichen Enthüllung im Juli 1980 verdeutlichte die Künstlerin: „Schauen wir uns doch einmal um. Wie furchtbar ernst sind wir alle, wie verschlossen und verbittert unsere Mienen. Ich möchte den Menschen die Freude wiedergeben. Diese Runde, diese Dralle, die so eins ist mit sich und den Dingen, lächelt Euch zu. Lächelt mit ihr, Ihr könnt es!"

1925 in Hamburg geboren, verlebte Ursula Hensel-Krüger ihre Kindheit in den USA. Später arbeitete sie in Deutschland als Kindergärtnerin, bevor sie sich ab 1945 als Autodidaktin der Kunst zuwandte. Studienreisen und Stipendien führten sie nach Italien, Frankreich, Amerika und Russland.

1963 wurde Ursula Hensel-Krüger auf Sylt ansässig; in ihrem Westerländer Atelier schuf sie zahlreiche Plastiken von Frauen und Kindern, oftmals als Auftragsarbeiten für Kunst am Bau. Ihre Intention beschrieb die Wahl-Sylterin so: „In der aufreibenden, nervösen, jegliche Besinnung zerstörenden Welt unserer Tage möchte ich das Gleichgewicht, die Ruhe, die Freude, die Besonnenheit hervorheben. Ich muss diese festen, runden, harmonischen Figuren darbringen, die Süße in sich haben, die aber nicht zuckersüß sind, sondern drall und kräftig und gesund."

„Ich möchte den Menschen die Freude wiedergeben", hatte Ursula Hensel-Krüger bei der Enthüllung der „Wilhelmine" gesagt. Sie selbst jedoch verfiel in ihren letzten Lebensjahren immer mehr in Trauer und Depression. Als nach dem Tod ihres Mannes auch noch der Sohn verstarb, verkraftete sie dies nicht. Am 25. Februar 1992 nahm sich Ursula Hensel-Krüger das Leben. Zu ihrem Vermächtnis gehörten neben zahlreichen Kunstwerken auch 300 Tagebücher.

Totgesagte leben länger:

Carl Christian Feddersen

Am 9. Februar 1934 ver-
meldeten die „Sylter
Nachrichten" das Ableben
eines Mitbürgers: „Aus
Kiel kam die Nachricht,
dass Carl Christian
Feddersen dort ertrunken
sei. Es ist noch nicht fest-
gestellt, ob Selbstmord
oder ein Unglücksfall
vorliegt. Die Not im
Künstlerberuf traf ihn
mit besonderer Härte.
Ohne zu klagen, fristete
er notdürftig sein Leben."

Selbstporträt des Künstlers

Doch bald darauf musste die Zeitung mit dem kuri-
osen Satz dementieren: „Ein Totgesagter hat uns ein
Lebenszeichen gegeben." Tatsächlich hatte ein höchst
lebendiger Carl Christian Feddersen aus Kiel an die
Zeitung geschrieben: „Ich habe erfahren, dass Ihr
mich tot gemacht habt, und das auch noch an einem
Rosenmontag mitten im Faschingstrubel. Die Trauer-
briefe an meine Frau waren mehr oder weniger er-
götzlich. Kränze waren nicht viele."
Es war kein leichtes Schicksal, dass dem Sohn eines
wohlhabenden Kaufmanns vorbestimmt war, der 1876
im dänischen Tondern das Licht der Welt erblickte.
Hoffnungsvoll war die erste Lebenshälfte, von Nöten

und Sorgen geprägt die zweite. Nach der Schulzeit hatte Feddersen die Kunstgewerbeschule in Hamburg besucht, später die Großherzogliche Kunstschule in Weimar sowie die Kunstakademie München. In Kiel zeigte er 1903 erstmals in einer Ausstellung einige seiner Porträtzeichnungen; im selben Jahr bewarb er sich erfolgreich um die Stelle eines Zeichenlehrers für die Töchter des Herzogs Friedrich Ferdinand in Glücksburg.

1912 kam Carl Christian Feddersen das erste Mal nach Sylt, um hier Landschaftsstudien zu betreiben, Malunterricht zu geben und Bilder an Badegäste zu verkaufen. Im Laufe der folgenden Jahre hielt er sich immer wieder sporadisch auf der Insel auf, bis er 1920 in Keitum dank des Erbes der verstorbenen Mutter im Alten Kirchenweg ein Haus erwerben konnte. Ein ehemaliger Stallanbau diente ihm dabei als Atelier.

Doch die wirtschaftlichen Zeiten waren schlecht und der Maler kam kaum über die Runden. Er war daher dankbar für jeden Auftrag, so beispielsweise im Jahre 1922 für die

Keitums Kirche auf einem Notgeldschein: Sie war Feddersens beliebtestes Motiv und ziert etwa 200 seiner Werke

Keitumer Spar- und Leihkasse zwei Motive für Notgeldscheine zu entwerfen: Die Keitumer Kirche für eine 50-Pfennig-Note und eine Dünenlandschaft für eine 2-Mark-Note. Auch tauschte Feddersen gerne Bilder gegen Lebensmittel, doch letztlich fehlte es an allen Ecken und Enden: Sein Haus in Keitum wurde 1927 zwangsversteigert.

Carl Christian Feddersen – eine auffällig hochgewachsene Erscheinung, von der eine alte Westerländerin berichtete: „Er war ein kauziger Alter und alles andere als gesprächig" – wohnte später in Westerland und bot Mal- und Zeichenkurse an. Ab 1934 lebte er in Wenningstedt, „wo ich bei guten Leuten eine Aufnahme gefunden hatte". Am 8. Februar 1936 starb Feddersen unvermutet kurz vor seinem 60. Geburtstag. Er hinterließ ein umfangreiches künstlerisches Erbe: Auf Sylt hatte er etwa 2000 Bilder geschaffen, vornehmlich Kohlezeichnungen.

Das Original lebte und starb als einsamer Mensch: Auf dem Keitumer Friedhof wurde Feddersen in aller Stille beigesetzt, fast ohne Trauergefolge. Geblieben ist neben seinem Grab die Legende, dass der Maler, der gerne mal ein Gläschen trank, sich zu Lebzeiten für seinen Grabstein die folgende – aber nicht ausgeführte – Inschrift gewünscht haben soll: „Wanderer, geh fort von hier, sonst steh ich auf und sauf mit dir."

Der Vater des Sylter Naturschutzes:

Ferdinand Avenarius

„Das ist eine Nacht der Einsamkeit – kein Menschenlicht im Dunkeln weit, von schwarzen Dünen nur Breiten und Dehnen – und Steigen und Sinken von Brandungstönen. Dazwischen ein feines hohes Gesumm vom Sande und Dünenhafer ringsum – und dann und wann ein jäh erpresster Möwenschrei, störst du versteckte Nester." Zu diesen Zeilen des Gedichts „Nordlicht" inspirierte dereinst die unberührte Sylter Natur jenen Mann, der zu Kampens erstem Ehrenbürger avancierte.

Ferdinand Avenarius, 1856 in Berlin geboren, Sohn eines Buchhändlers und Stiefneffe des berühmten Komponisten Richard Strauss („Dass man die Eier von Möwen essen kann und dass sie köstlich munden, das lernte ich auf Sylt"), hatte zunächst in Leipzig ein Studium der Naturwissenschaften begonnen, später dann in Zürich Philosophie, Literatur- und Kunstgeschichte studiert. 1882 ließ sich Avenarius in Dresden nieder, wo er fünf Jahre später Herausgeber der Zeitschrift „Kunstwart" wurde, die einen nachhaltigen Einfluss auf die Bildung ihrer Zeit ausübte.

Ab 1903 verbrachte Avenarius die Sommer vorwiegend in Kampen, wo er ein in seinem Äußeren recht eigenwilliges Haus – halb Friesenstil, halb Schwarzwaldidyll – errichten ließ. Durch den Hausherrn fanden viele Künstler nach Kampen – und nicht wenige von ihnen wie Stefan Zweig und Max Frisch wohnten oder trafen sich in seinem Haus „Uhlenkamp".

Das markante Gebäude – vom Arbeitszimmer konnte der Hausherr bis zur Kampener Vogelkoje blicken – wies einige Besonderheiten auf. So verfügte es im ersten Stock über einen umlaufenden Balkon, damit Avenarius bei Sonnenschein den ganzen Tag draußen lesen und schreiben konnte. Zudem war im Reetdach eine von außen nicht sichtbare Wanne zum hüllenlosen Sonnenbaden eingelassen.

Als ein befreundeter Maler 1906 Avenarius besuchte, notierte er später: „Die Wände des Hauses waren mit

Zedernholz von Strandgut getäfelt. Auch ein Fass Wein von Strandgut war im Haus. Es muss wohl längere Zeit im Wasser gelegen haben, denn sein Inhalt hatte schon etwas Meergeschmack angenommen. Während meines Aufenthalts wurde von Kunst und anderen ernsten und schönen Dingen gesprochen, wie es bei Ferdinand Avenarius, diesem feinen, hochkultivierten Mann, selbstverständlich war."

Die Landschaft lag dem ersten Ehrenbürger der Gemeinde Kampen besonders am Herzen. Gemeinsam mit anderen Mitstreitern konnte er verhindern, dass für den Bau des Hindenburgdamms Erde des Morsumer Kliffs abgetragen und dass die Landschaft nördlich von Kampen bebaut wurde.

„So etwas Schönes wie Kampen gibt es an der ganzen Nordsee nicht wieder. Noch ist es so. Aber ein einziges Haus außerhalb der Ortschaft in die Heide oder gar in die Dünen gesetzt und die Weite ist zerstört, die Ursprünglichkeit dahin", mahnte Ferdinand Avenarius. Als er 1923 in Kampen im Alter von 66 Jahren an den Folgen einer Lungenentzündung verstarb, wusste Avenarius, dass sein Kampf nicht umsonst gewesen war: Nur wenige Monate vor seinem Tode wurden auf Sylt die ersten beiden Naturschutzgebiete ausgewiesen.

An den Schriftsteller und Kulturreformer erinnert heute der 2009 nach ihm benannte Kampener Dorfpark und manch von ihm ersonnen Weisheit wie diese: „Das musst du erstreben: Arbeitswochen in Sonntagsstimmung zu leben."

Auch das Haus „Uhlenkamp" überdauerte die Zeit nicht: Vergeblich versuchte die Ferdinand-Avenarius-Gesellschaft, das originelle Domizil als Gedenkstätte zu bewahren. Auch der Plan, das Haus in das Freilichtmuseum Molfsee bei Kiel zu überführen, scheiterte. 1968 musste „Uhlenkamp", wie im Laufe der Zeit so viele alte Sylter Häuser, einem schmucklosen Neubau weichen.

Impressum

„Sylter Originale 2"
- Die kleine Insel-Edition -
1. Auflage 2018
© Frank Deppe, Sylt/Morsum
Alle Rechte vorbehalten
ISBN: 978-3-947096-10-7

Folgende Publikationen von Frank Deppe sind im Sylter Buchhandel sowie im Online-Shop „www.sylter-seifen.de" erhältlich:

► „Sylter Sagenwelt"
— „Sylter Geschichte"
► „Die Rasende Emma"
— „Sylter Memoiren"
► „Sylter Flora & Fauna"
— „Sylter Märchenwelt"
► „Auf Sylt stirbt es sich schöner –
   22 packende Kurzkrimis"
— „Sylt im Sturm"
► „… denn deutschen Volksgenossen gehört
   der Strand – wie der Nationalsozialismus
   die Insel Sylt eroberte"

Der Duft der Insel...

SYLTER SEIFEN
MANUFAKTUR

Inhaberin: Kirsten Deppe

- Im Bahnhof Morsum -
Bi Miiren 11

www.sylter-seifen.de